LECTURES CLE EN FRANÇAIS FACILE

LA PASSIONNANTE

HISTOIRE

DES JEUX OLYMPIQUES

DOMINIQUE GEORGES

CLE
INTERNATIONAL

© CLE International, 1996 - ISBN : 209 031 929 - 1

Sommaire

« *I*L N'EST PAS DE GLOIRE plus grande pour un homme que de montrer la légèreté de ses pieds et la force de ses bras… » Homère, le poète grec, chante ainsi les mérites des premiers sportifs. De nos jours, ce chant prend d'autres formes, les poètes sont journalistes, leurs voix s'ajoutent aux images et portent plus loin. Mais la gloire des champions* traverse le temps, aussi forte aujourd'hui qu'hier.

Nés en Grèce, oubliés pendant un temps, les Jeux olympiques trouvent une nouvelle jeunesse à la fin du XIXe siècle grâce au baron[1] Pierre de Coubertin. Ce Français fait un rêve qui parle de joies, d'exploits*, de fraternité et de paix. Et depuis, tous les quatre ans, le monde écoute.

---

1. Baron : c'est un titre de noblesse, comme duc ou prince.

Les mots ou expressions suivis d'un astérisque* dans le texte sont expliqués dans le Vocabulaire, page 59.

CHAPITRE I

La période antique

La légende dit que c'est Héraclès[1] qui est à l'origine des Jeux. Cela s'est passé il y a si long-temps que personne ne sait plus exactement. Dans la Grèce ancienne, les grandes cités sont en guerre. Iphitos, roi d'Élide, propose au roi de Sparte, son ennemi, d'arrêter les combats. Ensemble, ils décident de donner des jeux qui plaisent aux dieux. Un siècle plus tard seule-ment, les Jeux ont lieu à Olympie. Ils se dérou-lent maintenant tous les quatre ans.

Olympie est connue pour son temple[2]. Il abrite la statue du dieu Zeus[3] qui est l'une des sept merveilles du monde. À côté se trouve la large piste* du stade*. Il y a aussi d'autres bâti-ments. Les athlètes* vivent et s'entraînent dans le gymnase*. Les lutteurs* s'entraînent de leur côté. Il y a aussi un lieu réservé aux courses de chevaux.

Seuls les Grecs et ceux qui parlent cette

1. Héraclès : fils du dieu Zeus.
2. Temple : le temple est le lieu où on adore les dieux.
3. Zeus : dieu grec. C'est le dieu des dieux.

langue peuvent participer aux épreuves*. Les étrangers, les esclaves, les criminels et les femmes n'ont pas le droit de participer. La déesse Déméter est la seule femme admise dans le stade.

Comme des dieux

Les athlètes doivent jurer de respecter les règles d'Olympie. Les épreuves de courses sont de différentes longueurs. Ils participent aussi à des épreuves de saut et de lancer. Les sports de combat* complètent le programme. Il y a aussi des courses de chevaux. Les arts sont également présents : il y a des concours de musique et de poésie. À la fin, tous les vainqueurs reçoivent une couronne de feuilles d'olivier[1]. Le plus fêté, c'est celui qui gagne la course du stade (192,27 mètres). Souvent, les poètes chantent les exploits des champions. Leur statue est placée à côté de celles des dieux. Aujourd'hui encore on se souvient de Koroibos le coureur, de Milon de Crotone le lutteur, de Théogène le boxeur.

Les épreuves se déroulent d'abord sur une seule journée, puis sur cinq jours. Les athlètes de chaque ville se préparent longtemps à

---

1. Olivier : l'olivier est un arbre.

Le lancer du disque à l'époque antique.

l'avance. Les Jeux amènent la paix : Olympie est une zone neutre, interdite à toutes les armées. Mais finalement, les Jeux sont victimes des nombreuses guerres qui éclatent un peu partout en Grèce. Dès 146, la Grèce fait partie de l'Empire romain[1]. Les empereurs[2] Tibère, Germanicus et Néron participent aux courses de chars. Mais les spectateurs préfèrent les combats à mort des gladiateurs[3] dans les cirques*.

Alors les Jeux disparaissent. Ils sont interdits en 392. Olympie est détruite par les guerres et les catastrophes naturelles. Les Jeux appartiennent au passé.

1. Faire partie d'un empire : après sa conquête, un pays fait partie de l'empire.
2. Empereur : c'est celui qui dirige l'empire. Alexandre le Grand, César et Napoléon sont des empereurs.
3. Gladiateur : c'est un homme qui se bat à mort dans un cirque. Le plus connu des gladiateurs est Spartacus.

Le stade d'Olympie aujourd'hui.

CHAPITRE II

Le baron Pierre de Coubertin

Le nouveau départ des Jeux olympiques date du siècle dernier. Cela correspond au développement des exercices physiques. Cette idée progresse en Allemagne, en France et en Suède. La Grèce organise des Jeux, mais sans succès. C'est un Français qui va réussir à relancer les Jeux olympiques.

Charles Pierre de Fredy, baron de Coubertin, est né le 1er janvier 1863. Il passe son enfance entre Paris et le château de Mirville près du Havre en Normandie. À l'âge de vingt ans, il découvre, dans des livres anglais, une forme d'éducation qui correspond à ses idées. C'est le point de départ de son grand combat.

La même année, il prend le bateau pour l'Angleterre. À Rugby, ville du Warwickshire, il retrouve les souvenirs de ses lectures. Ici, le sport est une fête. Il tient une grande place dans l'éducation des jeunes Anglais. À son retour en France, il commence à travailler sur son projet. Il veut réveiller le monde par le sport.

Le baron Pierre de Coubertin.

Il donne une conférence sur le rôle du sport en Angleterre, puis il écrit des articles dans les journaux. Lors d'un voyage aux États-Unis, il rencontre Theodore Roosevelt, grand amateur de boxe et futur président. Ses articles permettent aux Français de découvrir le sport nord-américain. Petit à petit, Coubertin parvient à se faire entendre. Il est soutenu dans ses idées par Jules Verne, Georges Clemenceau et Louis Pasteur[1]. Grâce à sa fortune personnelle, il n'a pas besoin de travailler et voyage dans le monde entier. Il devient l'ambassadeur[2] du sport.

Le 25 novembre 1892, à la Sorbonne[3], il déclare : « Il faut internationaliser le sport et il faut donc organiser les Jeux olympiques. » L'accueil est froid. Déçu mais pas vaincu, il part en Suisse. Il écrit un texte sur le sujet. Deux ans plus tard, à Paris, le baron Pierre de Coubertin fait un nouvel essai. Soixante-dix-neuf personnes venues de douze pays différents sont présentes à la réunion. Cette fois, ils votent le projet. Le Comité international olympique (C.I.O.) est responsable du dossier. C'est le Grec

---

1. Jules Verne : écrivain français (*Vingt Mille Lieues sous les mers*, *Le Tour du monde en 80 jours*, etc.).
Georges Clemenceau : homme politique.
Louis Pasteur : médecin, inventeur du vaccin contre la rage.
2. Ambassadeur : personne qui représente son pays à l'étranger ou qui est chargée d'un message.
3. La Sorbonne : c'est une université de la ville de Paris.

Demetrios Bikelas qui devient le premier président car, en 1896, les Jeux vont se dérouler à Athènes.

Une triste fin

Grâce au riche banquier Giorgios Averoff et au gouvernement, le stade situé au pied de l'Acropole est prêt à temps. Le 5 avril, deux cent quatre-vingt-quinze participants venus de treize pays défilent devant le roi Georges de Grèce. Les cinquante mille spectateurs assistent aux quarante-trois épreuves.

Après ce premier succès, le baron Pierre de Coubertin devient président du C.I.O. Les Jeux font le tour du monde : Paris, Saint Louis, Londres, Stockholm, Anvers. Après les Jeux de Paris en 1924, le baron quitte la présidence du C.I.O. Mais il veille encore : « Est-il besoin de rappeler que les Jeux olympiques ne sont la propriété d'aucun pays, ni d'aucune race en particulier (…) ils sont mondiaux. » Et il met en garde « On peut employer le sport à consolider la paix aussi bien qu'à préparer la guerre. »

Longtemps il combat l'arrivée des femmes, car il préfère les épouses aux sportives. À un siècle de distance, ce discours semble ridicule mais, à l'époque, un grand nombre de personnes partagent ses idées.

ABONNEMENTS
Trois mois Six mois Un an
FRANCS à COLONIES
4 fr.   7 fr. 50 14 fr
UNION POSTALE
6 fr.   12 fr.   22 fr.

Le Petit Journal
illustré

PARAISSANT LE DIMA
35ᵉ Année - Nº 17
On s'abonne dans la
les bureaux de post
Les Manuscrits ne sont pas r

*Les Jeux olympiques de 1924 viennent de commencer.
Ils débutent par les sports d'hiver à Chamonix dans
les Alpes françaises, et, dès les premières épreuves,
comme celles de ski, les spectateurs peuvent applaudir
des exploits impressionnants.*

À la veille de la Seconde Guerre mondiale, Carl Diem, fonctionnaire du sport du IIIe Reich, trompe le vieil homme : il le flatte[1], et il lui cache par exemple les idées racistes[2] du parti nazi. Tâche facile car le baron Pierre de Coubertin est un homme seul. Pauvre et oublié de tous, il habite la Suisse. En 1936, il reste chez lui mais il déclare que « la réussite des Jeux de Berlin sert magnifiquement l'idéal olympique ».

Le père des Jeux olympiques modernes meurt le 2 décembre 1937 lors d'une promenade dans un parc de Genève. Son corps repose à Lausanne, mais, selon ses dernières volontés, son cœur est placé dans un mur à Olympie.

---

1. Flatter : faire des compliments à quelqu'un pour lui plaire.
2. Raciste : quelqu'un qui n'aime pas les races différentes de la sienne.

CHAPITRE III

Sport et politique

C'est Hitler qui pose la première pierre du stade olympique de Berlin, en 1935. Dans son discours d'ouverture, Hitler parle de beaucoup de choses, mais pas de sport. Parfois, le sport peut cacher autre chose. Malgré l'arrivée des premières lois racistes, en 1935, le Comité olympique accorde à l'Allemagne l'organisation des Xe Jeux olympiques. Déjà, en 1932, on lit dans un journal allemand : « Les nègres n'ont rien à faire aux olympiades… Les Noirs doivent être exclus. » Mais le Comité olympique réussit à maintenir la participation des Noirs et des Juifs. Le gouvernement allemand veut séduire le monde entier et montrer la supériorité de sa race sur toutes les autres. Seuls quelques athlètes ou fédérations sportives refusent de participer. L'organisation de ces Jeux est parfaite. Mais les drapeaux nazis cachent le drapeau olympique aux six couleurs[1]. Sur le

---

1. Drapeau olympique aux six couleurs : cinq ronds – bleu, jaune, noir, vert, rouge – sur fond blanc. L'union des cinq parties du monde.

*Les drapeaux nazis cachent le drapeau olympique
(Berlin - 1936).*

terrain, ce sont les athlètes allemands qui remportent le plus grand nombre de médailles. À la demande de Goebbels, qui est alors le ministre nazi de l'Information, Leni Riefensthal fait *Olympia*. C'est un film de propagande[1] aussi beau qu'efficace. En 1948, elle reçoit même une récompense du Comité olympique pour ce travail.

En 1952, à Helsinki en Finlande, le Japon, l'U.R.S.S. et l'Allemagne peuvent participer aux Jeux olympiques. Mais c'est la guerre froide[2] ; les pays de l'Est refusent que leurs athlètes vivent avec ceux de l'Ouest dans le village olympique*. Pourtant, sur le stade, les athlètes oublient leurs opinions politiques.

Quatre ans plus tard, l'U.R.S.S. envoie des tanks[3] à Budapest. Aux Jeux de Melbourne de 1956, en Australie, le match de water-polo* Hongrie-U.R.S.S. devient un combat de boxe général. Il y a plusieurs blessés et la police intervient. À la fin des Jeux, la majorité des athlètes hongrois refusent de retourner dans leur pays.

En 1968, des étudiants manifestent dix jours avant la cérémonie d'ouverture des Jeux

---

1. Propagande : c'est une action sur l'opinion de la population pour faire accepter certaines idées.
2. Guerre froide : état de tension entre les pays du bloc de l'Ouest et ceux du bloc de l'Est.
3. Tank : char de combat.

Tommie Smith et John Carlos lèvent le poing en signe de contestation (Mexico - 1968).

de Mexico. L'armée tire sur la foule. Sur la place des Trois-Cultures, on compte plus de trois cents morts. Malgré les tanks et les soldats, les Jeux ont bien lieu. Pour la première fois, c'est une femme qui porte la flamme olympique dans le stade. Le stade est bien gardé, mais la politique y entre quand même. Les Américains Tommie Smith et John Carlos gagnent la course du 200 mètres. Sur le podium, ils lèvent le poing et baissent les yeux pour ne pas regarder le drapeau américain. Ils veulent attirer l'attention du monde entier sur les problèmes des Noirs aux États-Unis. L'affaire fait grand bruit.

Du sang sur les Jeux

Le 5 septembre 1972, un groupe armé de huit Palestiniens, appartenant à l'organisation «Septembre noir», entre dans le village olympique de Munich. Ils prennent des athlètes israéliens en otage : en échange, ils veulent la libération de deux cents prisonniers arabes en Israël. Malgré tout, le programme des épreuves continue. La police allemande tente une opération, mais c'est l'échec. Pour la première fois, le sang coule pendant les Jeux. Il y a dix-sept morts.

La politique ne quitte plus les Jeux. En 1976, à Montréal, l'Afrique noire refuse de participer aux Jeux à cause de la présence de la Nouvelle-

Un membre du commando Septembre noir
(Munich - 1972).

Zélande. En effet, l'équipe de rugby de ce pays
vient de participer à un match en Afrique du
Sud, et cela quelque temps seulement après des
massacres de Noirs à Soweto. Vingt-sept pays
restent chez eux. Ce n'est pas la première fois :
en 1956 et en 1964, plusieurs pays refusent de
participer aux Jeux.

En 1979, l'Armée rouge entre en Afghanistan.
L'année suivante, les États-Unis refusent de
participer aux Jeux de Moscou. Cinquante-sept
pays suivent cette position. Le pouvoir politique

s'impose au pouvoir sportif. Quatre ans plus tard, à Los Angeles, la paix voulue par Coubertin est une fois encore brisée. C'est au tour de l'U.R.S.S. et des pays de l'Est de ne pas vouloir participer. En 1992, Barcelone réussit enfin l'union de tous.

Berlin 1936, Munich 1972 ou Moscou 1980 : on voit que l'histoire du sport retrouve l'histoire tout court. Ces dates nous rappellent qu'hier comme aujourd'hui, les Jeux olympiques ne sont pas hors du temps. Ils sont le reflet de leur époque. Les guerres, les idées politiques, les problèmes posés par l'argent ou les progrès[1] techniques traversent ces cent ans d'histoire du sport.

---

1. Progrès : c'est le nom donné à quelque chose qui avance dans le domaine social, scientifique ou technique.

CHAPITRE IV

Cent ans d'exploits

« *Citius, altius, fortius*[1] », telle est la devise des Jeux olympiques. Depuis cent ans, les athlètes du monde entier réussissent les plus grands exploits lors de cette fête du sport.

En 490 avant Jésus-Christ, le soldat grec Phlippidès court de Marathon à Athènes pour annoncer la victoire des siens sur les Perses. Il meurt peu de temps après son arrivée. En souvenir de cet exploit, le Français Michel Bréal propose à Pierre de Coubertin de créer une course sur la même distance. En 1896, le Grec Spiridon Louys est le premier vainqueur du marathon. Il gagne en 2 heures 58 minutes et 50 secondes. En 1904, à Saint Louis, c'est Fred Lorz qui gagne mais il est disqualifié[2] pour être monté dans une voiture ! C'est le premier tricheur[3] de l'histoire moderne. Le plus célèbre

---

1. « *Citius, altius, fortius* » (latin) : « Plus vite, plus haut, plus fort. » C'est au Père Didon, ami de Pierre de Coubertin, que l'on doit cette formule.
2. Disqualifié : exclu d'une épreuve sportive.
3. Tricheur : celui qui triche est exclu de l'épreuve. Son résultat ne compte pas.

Jesse Owens dépasse les 8 mètres au saut en longueur (Berlin - 1936).

tricheur des Jeux de l'Antiquité reste l'empereur romain Néron. Dans la course de chars, il tombe avant l'arrivée, mais les juges, prudents, le déclarent vainqueur.

C'est sans doute pour rétablir un peu de morale que, depuis 1920, les athlètes prêtent serment : « Je jure de prendre part aux Jeux olympiques en concurrent loyal, respectueux des règlements qui les régissent[1] et désireux d'y participer dans un esprit chevaleresque[2], pour l'honneur de mon pays et la gloire du sport. »

Les femmes aussi

L'athlétisme* est la discipline reine des Jeux olympiques. Elle est riche en exploits. En 1964, l'Américain Bob Hayes est le premier homme qui court le 100 mètres en moins de 10 secondes. On le surnomme « le canard » à cause de sa curieuse façon de courir. En 1960, l'Américain Bob Nieder lance le poids à 20,06 mètres. Fred Hansen, au saut à la perche*, passe 5,28 mètres en 1964. En 1936, Jesse Owens dépasse les 8 mètres au saut en longueur*. Il gagne également les courses du 100 mètres, quatre fois

---

1. Régir : commander.
2. Chevaleresque : courageux et généreux comme un chevalier.

Carl Lewis franchit la ligne d'arrivée du 100 mètres (Los Angeles - 1984).

100 mètres et 200 mètres. Quatre fois champion olympique, et noir, c'est quatre fois trop pour Adolf Hitler ! Ce dernier quitte le stade pour ne pas avoir à le féliciter. En 1984, à Los Angeles, Carl Lewis réussit le même exploit, il remporte les quatre titres.

Contre l'avis de Coubertin, les femmes participent dès les premiers Jeux. Mais ce n'est qu'en 1928 qu'elles peuvent prendre part à l'athlétisme. Une des premières grandes championnes est la Française Micheline Ostermeyer. Cette athlète est aussi une grande artiste qui donne des concerts de piano. En 1948, le soir de ses médailles d'or au lancer du poids* et du disque*, elle joue Gabriel Fauré[1] au Victoria College. En 1960, la belle Wilma Rudolph est la première Américaine qui gagne trois médailles d'or (100 mètres, 200 mètres, 4 x 100 mètres). En 1984, Evelyn Ashford réussit un exploit. Pour la première fois, une femme court le 100 mètres en moins de 11 secondes. Il faut remarquer qu'avec le temps, la différence entre les performances des hommes et des femmes est moins grande. Le spectacle des championnes de gymnastique* fait rêver le public. Personne, par exemple, ne peut oublier le 10 sur 10 de Nadia Comaneci en 1976, à Montréal. Quatre ans plus tôt,

---

1. Gabriel Fauré (1845-1924) : compositeur de musique français.

toujours en gymnastique, les pays de l'Est lancent les femmes-enfants dans la compétition : ce sont de très jeunes championnes, petites, au corps mince, qui sont plus agiles et plus rapides. En 1976, Nadia Comaneci n'a que 14 ans.

Au saut en hauteur*, les 2 mètres sont dépassés dès 1912 mais en 1968, à Mexico, l'Américain Dick Fosbury surprend tous les spectateurs. Il saute 2,24 mètres sur le dos. Depuis, ce style porte son nom : le « fosbury flop ». C'est aussi à Mexico qu'a lieu le plus grand exploit des Jeux. Le 18 octobre 1968, Bob Beamon saute si loin que les juges n'arrivent pas à mesurer son saut. Le record du monde est de 8,35 mètres et l'Américain vient de sauter 8,90 mètres !

Nadia Comaneci, championne olympique de gymnastique (Montréal - 1976).

Dick Fosbury saute 2,24 mètres sur le dos (Mexico - 1968).

Bob Beamon saute si loin que les juges n'arrivent pas à mesurer son saut (Mexico - 1968).

Spitz : l'homme-poisson

En natation*, les progrès actuels de l'entraî-
nement, et parfois malheureusement du
dopage*, rendent les temps réalisés au début
des Jeux très modestes. En 1896, Alfred Hajos
gagne en 1 minute 22 secondes le 100 mètres
nage libre* ; en 1988, Matt Biondi réussit en
48 secondes 42 centièmes. Le nageur le plus
glorieux est l'Américain Mark Spitz. En 1972, à
Munich, il remporte sept médailles d'or. Par la
même occasion, il bat quatre records du monde
et un record olympique. C'est sans doute le plus
grand nageur de tous les temps. Un seul athlète
fait un meilleur total : le Russe Alexandre
Ditiatin. En 1980, en gymnastique, il gagne huit
médailles d'or.

En 1960, après trente-deux ans de victoires
en hockey sur gazon*, l'Inde perd en finale
contre le Pakistan. En 1964, un géant[1] hollandais
fait pleurer le Japon. Anton Geesink bat le champion japonais Akio Kaminaga : le judo vient de
faire son entrée aux Jeux olympiques. Toujours
dans le domaine des sports de combat, l'escrime*
est le plus ancien avec la lutte*. Elle fait partie
des Jeux depuis le début. L'école française est
une des meilleures du monde. Christian d'Oriola

1. Géant : homme très grand.

Mark Spitz remporte sept médailles d'or (Munich - 1972).

Le Français Jean-Claude Killy devient un héros en 1968 à Gren

ÉCOLE NOTRE-DAME de la JEUNESSE
7374 croissant Wilson
Niagara Falls (Ontario)
L2G 4S1
Tél (416) 357 2311

remporte les trois médailles d'or de ski.

est parmi les plus grands. En 1948, il devient champion olympique pour la première fois. En trois olympiades*, il gagne quatre médailles d'or et deux médailles d'argent.

Le record de médailles sur plusieurs Jeux olympiques est de onze chez les hommes (neuf d'or et deux d'argent), grâce à Paavo Nurmi en athlétisme (Finlande), et de dix-huit chez les femmes (neuf d'or, cinq d'argent, quatre de bronze), grâce à Larissa Latynina en gymnastique (U.R.S.S.). Exploit unique : l'Américain Al Oerter devient champion olympique du lancer du disque en 1956 puis garde son titre jusqu'aux Jeux de Tokyo (1964).

Les Jeux d'hiver permettent aussi aux athlètes d'aller de plus en plus vite. En ski, le Français Jean-Claude Killy devient un héros en 1968 à Grenoble. Il remporte les trois médailles d'or (descente*, slalom géant* et slalom spécial*). Huit ans plus tôt, un autre Français, Jean Vuarnet, découvre une nouvelle technique de ski ; grâce à sa position de « l'œuf », remporte la descente. Le record de médailles d'or appartient à l'Américain Eric Heiden. En 1980, aux Jeux de Lake Placid aux États-Unis, il gagne les cinq titres du patinage de vitesse*.

De plus en plus de pays participent aux Jeux et, les records étant faits pour être battus, les athlètes se préparent de mieux en mieux.

CHAPITRE V

Les Jeux d'Atlanta

1896-1996, d'Athènes à Atlanta, la passionnante histoire des Jeux olympiques continue.
Ayant lieu aux États-Unis pour la quatrième fois
(Saint Louis et Los Angeles deux fois), les Jeux
d'été fêtent leur centième anniversaire.
Coubertin peut être fier, son enfant se porte
bien.

Depuis 1928, la société Coca-Cola participe à
tous les Jeux olympiques. En 1996, ce sont les
Jeux olympiques qui viennent lui rendre visite
dans sa propre ville d'Atlanta en Géorgie. C'est
une ville située au sud des États-Unis, qui
compte 500 000 habitants et dont le maire,
Bill Campbell, est noir. Atlanta est aussi la ville
de Margaret Mitchell (*Autant en emporte
le vent*), de Martin Luther King et actuellement
de la Turner Broadcasting System (C.N.N.).

Dès le 7 février 1987, William Porter Payne
commence à travailler sur le projet. Il faut
d'abord obtenir l'accord du C.I.O. La lutte est
difficile car Athènes veut organiser les Jeux
du centenaire. Le président Juan Antonio
Samaranch ne cache pas sa préférence pour

la Grèce. Mais il n'a pas le droit de vote et, le 18 septembre 1990 à Tokyo, le C.I.O. choisit Atlanta par 51 voix contre 35. Billy Payne devient le grand patron des Jeux. Il est président de l'A.C.O.G.[1] avec un salaire de plus de trois millions trois cent cinquante mille francs. Nous ne sommes plus au début du siècle, ce ne sont pas 200 athlètes mais 10 000 qui se battent maintenant pour la victoire. Et il n'y a plus d'invitation de dernière minute comme en 1896, où le vainqueur de tennis est un touriste irlandais qui passe ses vacances en Grèce… !

Toujours plus

Le nombre des épreuves sportives est aussi en augmentation ; sur les quinze jours que dure la compétition, 271 titres olympiques sont en jeu à Atlanta (250 à Barcelone). C'est le record du siècle. Et cela malgré le nouveau système mis en place par le C.I.O. : pour la première fois, chaque pays n'est plus libre d'envoyer ses athlètes dans chaque sport, quel que soit leur niveau. À Atlanta, seuls les meilleurs peuvent participer. C'est un changement important dans l'esprit des Jeux olympiques.

Depuis le mois de septembre 1995, le programme des compétitions est connu. Les

---

1. A.C.O.G. : Atlanta Committee for the Olympic Games.

TM© 1992 ACOG

L'Atlanta-Fulton County Stadium,
un des principaux stades des J.O. d'Atlanta.

téléspectateurs européens doivent se lever tôt pour voir les grandes finales d'athlétisme (entre deux et quatre heures du matin). Normal, car les athlètes ne peuvent pas courir aux heures les plus chaudes de la journée.

Avec cette foule d'athlètes et de spectateurs qu'il faut accueillir, tout doit être prévu, organisé et calculé. Ce sont quarante mille personnes qui travaillent pour que tout soit prêt à temps pour le début de la XXVIe olympiade, le vendredi 19 juillet 1996. Deux ans avant l'ouverture des Jeux, beaucoup de stades ne sont pas encore construits. C'est le cas du stade olympique de 85 000 places. Mais, à la fin de 1995, il se dresse, magnifique, à côté de l'Atlanta-Fulton County Stadium, le stade des *Braves*, l'équipe de base-ball. Deux autres stades utilisés par les *Hawks* (basket) et les *Falcon* (football) servent pendant les Jeux à la gymnastique et au basket-ball. La ville d'Atlanta n'est pas aussi grande que celle de Los Angeles, alors les spectateurs ne perdent pas trop de temps pour aller d'un lieu à un autre. Tous les stades sont proches les uns des autres. Le village olympique, payé par l'État de Géorgie, est construit dans George Tech University. À côté, il y a la piscine et l'Alexander Memorial Coliseum pour la boxe. Un peu plus loin, le centre olympique[1] accueille quinze autres sports. Seulement deux sports se déroulent loin de la capitale de Géorgie : le football et le canoë*. Les matches de football ont lieu à Bermingham, Miami, Orlando et Washington, la finale à Athens, ville située à 110 kilomètres d'Atlanta. La descente en canoë a lieu dans le Tennessee sur la rivière Oscoee, à 160 kilomètres.

Le budget des Jeux est de 1,6 milliard de dollars, comme pour Barcelone. Quinze sociétés versent chacune 40 millions de dollars à l'A.C.O.G. pour faire partie de l'olympiade. Dès le printemps 1995, plus de dix millions de tickets sont mis en vente. Le moins cher vaut six dollars, le plus cher – pour la cérémonie d'ouverture – 600 dollars. Il n'y a pas besoin de nouvelles routes et il y a déjà 55 000 chambres d'hôtel. En fait, le seul problème d'Atlanta, c'est son climat, à la fois très chaud et très humide. Heureusement, là-bas, il y a beaucoup de Coca-Cola...

---

1. Centre olympique : groupe de bâtiments, d'équipements sportifs destinés aux compétitions.

CHAPITRE VI

Aujourd'hui et demain

En 1980, l'Espagnol Juan Antonio Samaranch devient président du C.I.O. Avec lui, les Jeux prennent une nouvelle dimension. Plus chers, plus riches, plus puissants... Le C.I.O. ne pose plus le même regard qu'hier sur les problèmes d'argent.

En 1912, à Stockholm, Pierre de Coubertin propose deux nouvelles épreuves en athlétisme : le décathlon* et le pentathlon moderne*. C'est Jim Thorpe, un Indien américain, qui remporte les deux médailles d'or. Ce jour-là, il devient le plus grand athlète du monde. Mais six mois plus tard, le C.I.O. lui retire ses titres. Car, encore étudiant, il joue au base-ball dans une équipe pour 360 dollars. Les sportifs olympiques ne devant pas recevoir d'argent, le C.I.O. veut faire un exemple avec lui, mais le champion ne comprend pas. Il meurt en 1953, détruit par l'alcool et le chagrin. Le C.I.O. regrette et lui rend ses médailles... après sa mort. Il y a d'autres exemples de ce type. En 1992, c'est la fin du mensonge avec l'arrivée des professionnels du basket (Magic Johnson) ou

Juan Antonio Samaranch lors de la cérémonie d'ouverture des Jeux olympiques de Séoul (1988).

du tennis (Steffi Graf). On ne fait alors plus de différence entre les sportifs qui reçoivent de l'argent et les autres.

Quand les athlètes veulent aller très vite ou très haut, ils se dopent*. Dans l'ex-R.D.A., se doper est normal, cela fait partie de la préparation du champion. Les résultats sportifs sont excellents mais avec des risques pour la santé ou la vie des athlètes. En 1961, un cycliste* danois est mort à cause de cela. D'abord timide, la chasse au dopage est devenue plus dure. La tâche est difficile car la médecine fait de nombreux progrès. Pourtant, quelques-uns se font prendre lors des Jeux. C'est en 1988 que le C.I.O. frappe son plus grand coup. Le Canadien Ben Johnson remporte le 100 mètres et bat le record du monde. Après contrôle, il est coupable. D'un seul coup, il perd tout. À travers lui, le C.I.O. fait passer son message, mais le mal est profond. De grosses sommes d'argent sont en jeu pour la victoire. Gagner devient plus important que participer.

Une grande entreprise

À partir du 16 juillet 1980, avec l'arrivée de Juan Antonio Samaranch, le C.I.O. ouvre les yeux sur la réalité du monde. Pour se développer, il faut suivre la mode. Samaranch travaille beaucoup et il connaît des personnes qui ont un rôle important. De plus, il voyage sans arrêt et parle plusieurs langues. Le C.I.O. n'habite plus sa petite maison en haut de Lausanne, il est maintenant installé dans le château de Vidy. Environ soixante-dix personnes travaillent ici tous les jours. Ce n'est plus un petit club tranquille mais une véritable entreprise : riche de 730 millions de francs à la fin de 1993, son budget annuel est de 120 millions de francs.

Les Jeux coûtent cher pour la ville ou le pays choisi. Mais, depuis 1984, le C.I.O. sait que les Jeux peuvent être une bonne affaire. À Los Angeles, le maire Tom Bradley donne son accord pour la candidature mais il ajoute : « Je ne veux pas que les Jeux coûtent un cent[1] à ma ville. » Peter Ueberroth comprend le message ; il passe des accords avec Coca-Cola, General Motors, Levi-Strauss et Mac Donald. À la fin des Jeux, il reste 222 millions de dollars dans la caisse. Lillehammer, petite ville de Norvège (23 000 habitants) des Jeux de 1994, récolte 320 millions de francs. Qui paye ? Les grandes sociétés internationales, mais aussi la télévision.

---

1. Cent : plus petite monaie américaine.

∞∞ The 1996 Olympic Torc
Presented by
Coca-Co

La ville d'Atlanta passe des accords avec Coca-Cola.

En 1960, l'Europe regarde en direct l'ouverture des Jeux olympiques de Rome ; en 1968, on peut voir les Jeux de Grenoble en couleurs. Maintenant, le satellite donne les images au monde entier. Les droits[1] de télévision augmentent beaucoup. Mais, depuis 1981, le C.I.O. décide de trouver une nouvelle forme de rentrée d'argent. Il vend pour quatre ans les droits du T.O.P. (The Olympic Programm[2]) pour plusieurs millions de dollars à des sociétés privées. Plus de 90 % des sommes récoltées reviennent aux organisateurs, fédérations et comités olympiques de chaque pays. Les Jeux nourrissent le sport dans le monde entier.

Une lutte terrible

Pour mieux diriger cette énorme affaire, le C.I.O. décide en 1986 la séparation des Jeux d'été et des Jeux d'hiver. Albertville et Barcelone se déroulent en 1992, puis Lillehammer en 1994 et Atlanta en 1996. En 1984, il n'y a pas d'autre candidat que Los Angeles. Maintenant, les villes du monde entier se battent pour obtenir les Jeux, c'est même la première des compétitions olympiques. 1992 :

---

1. Les droits de télévision : ce que les chaînes de télévision doivent payer pour filmer les épreuves.
2. T.O.P. : le programme olympique ou l'ensemble des épreuves.

Barcelone contre Paris ; 1996 : Atlanta contre Athènes ; 2000 : Sydney contre Berlin. Ces combats coûtent cher et chaque ville accuse l'autre d'essayer d'acheter les membres du Comité olympique… Bonne ambiance ! Il faut être riche pour avoir les Jeux : l'Égypte tente sa chance trois fois sans succès, et il n'y a jamais aucun candidat parmi les pays d'Afrique noire.

Après les Jeux du centenaire, il y aura ceux du XXIe siècle avec Sydney. Pour 2004, de nombreuses villes sont déjà sur la ligne de départ. Argent, pouvoir, image : les inquiétudes sont nombreuses autour des Jeux olympiques modernes. Le rôle du C.I.O. n'est pas seulement de bien organiser les Jeux, mais aussi d'aider au développement du sport en général. Quand la pratique du sport dans le respect de la Charte olympique* avance dans un pays, son économie et ses libertés politiques avancent aussi. Le sport est un espace de liberté. Certains gouvernements refusent les idées olympiques. Des membres du C.I.O. et des athlètes vont en prison ou doivent quitter leur pays. Le pouvoir sportif est moins puissant que le pouvoir politique. En 1992, par exemple, trente-quatre pays ne présentent aucune femme dans leur équipe. Le sport n'est pas un luxe, c'est un droit pour tous, partout dans le monde. Pierre de Coubertin est clair sur

Cérémonie d'ouverture des J.O. d'été à Barcelone (Espagne - 199.

rrivée de la caravelle de Christoph Colomb.

ce sujet : « Les athlètes ont besoin de liberté d'excès[1]. »

1. « Liberté d'excès » : quelque chose qui dépasse la mesure, qui est en plus.

Cérémonie d'ouverture des J.O. d'hiver à Albertville (France - 19

En 1924, à l'arrivée du 800 mètres, Lowe et Martin finissent ensemble, dans le même temps. Ces deux athlètes se serrent la main et chacun félicite l'autre pour cette grande victoire.

Des exemples comme celui-là, la passionnante histoire des Jeux olympiques en est pleine. Pour avoir la chance d'y participer un jour, des athlètes se préparent pendant plusieurs années. Ils attendent avec impatience que la flamme s'allume dans le stade et que la fête commence.

Les Jeux olympiques sont utiles car ils donnent du rêve et de l'émotion. Grâce à eux, pendant un court moment, on peut arriver à fermer les yeux sur toute la violence du monde.

Les Jeux olympiques

Athlète : c'est un sportif de haut niveau.

Athlétisme : l'ensemble des sports qui se pratiquent dans un stade : la course à pied, les sauts, les lancers. Carl Lewis et Saïd Aouita pratiquent l'athlétisme.

Canoë : petit bateau pour la descente de rivière.

Champion : c'est le vainqueur d'une course, d'une épreuve ou d'un championnat.

Charte olympique : les règles de l'olympisme.

Cirque : lieu où se déroulent les courses de chars et les combats de gladiateurs à l'époque romaine.

Cycliste : celui qui pratique le cyclisme. Miguel Indurain est un champion cycliste.

Décathlon : un même athlète pratique dix épreuves d'athlétisme différentes en deux jours.

Descente : épreuve de ski qui consiste à descendre une piste le plus vite possible.

Dopage (se doper) : emploi de produits qui améliorent les capacités physiques d'un sportif.

Épreuve : une compétition sportive. C'est aussi une difficulté.

Escrime : épreuve où l'on manie l'épée, le fleuret ou le sabre.

Exploit : le champion qui bat un record fait un exploit.

Gymnase : bâtiment où se pratiquent des sports.

Gymnastique : ensemble d'exercices physiques au sol ou avec des appareils. Nadia Comaneci et Nelly Kim sont des championnes de gymnastique.

Hockey sur gazon : le hockey est un sport de balle qui se pratique sur le gazon (ou sur la glace pour le hockey sur glace). Il se joue entre deux équipes.

Lancer (du disque, du poids, du javelot) : épreuves d'athlétisme où il faut lancer un objet le plus loin possible.

Lutte : c'est un sport de combat où l'on doit faire tomber son adversaire au sol. Les coups sont interdits.

Lutteur : celui qui pratique la lutte est un lutteur.

Nage libre : épreuve de natation où le style est libre. En fait, tous les nageurs pratiquent le crawl, qui est le style de nage le plus rapide.

Natation : pratiquer la natation, c'est nager dans une piscine. Matt Biondi est un champion de natation.

Olympiade : Jeux olympiques ou période de quatre ans entre deux Jeux olympiques.

Patinage de vitesse : course de vitesse sur la glace.

Pentathlon : c'est la pratique réunie de cinq épreuves : escrime, tir au pistolet, natation, course à pied et équitation (jumping).

Piste : dans un stade, c'est l'endroit où l'on court.

Saut à la perche : c'est une épreuve d'athlétisme. Sergeï Bubka est le plus grand champion de saut à la perche de tous les temps. Il saute plus de 6 mètres. Il y a aussi **le saut en longueur** (sauter le plus loin possible) ou **en hauteur** (le plus haut possible).

Slalom géant : épreuve de ski. Le skieur doit passer entre des portes (espace compris entre deux piquets) ; il y a un grand espace entre chaque porte.

Slalom spécial : épreuve de ski. Le skieur doit passer entre des portes ; il n'y a pas beaucoup d'espace entre chaque porte.

Sport de combat : la boxe, la lutte et le judo sont des sports de combat.

Stade : terrain où se pratiquent des sports ; stade de football, d'athlétisme…

Village olympique : c'est le lieu où habitent les sportifs pendant la durée des Jeux.

Water-polo : jeu de ballon où deux équipes s'affrontent dans une piscine.

Chapitre I

1. Pendant l'Antiquité, où se déroulent les premiers Jeux olympiques ?

2. Qui a le droit de participer aux Jeux ?

3. Comment s'appellent les hommes qui se battent dans les cirques ?

Chapitre II

1. Quel est le vrai nom du baron Pierre de Coubertin ?

2. Dans quelle ville se sont déroulés les premiers Jeux modernes ?

3. Où repose le corps de Pierre de Coubertin ?

Chapitre III

1. Quelles sont les couleurs du drapeau olympique ?

2. Qu'ont fait les Américains Tommie Smith et John Carlos sur le podium de Mexico en 1968 ?

3. Que s'est-il passé lors des Jeux olympiques de Munich en 1972 ?

Chapitre IV

1. Quelle est la devise des Jeux olympiques ?
2. En 1976, à Montréal, une Roumaine obtient 10 sur 10 en gymnastique. Quel est son nom ?
3. En 1972, un nageur remporte sept médailles d'or. Quel est son nom ?

Chapitre V

1. Que fête-t-on à Atlanta ?
2. Deux grandes sociétés internationales ont leur siège à Atlanta. Quels sont leurs noms ?
3. Comment s'appelle le grand patron des Jeux d'Atlanta ?

Chapitre VI

1. Qui est le président du C.I.O. ?
2. Où est installé le C.I.O. ?
3. Où sont prévus les Jeux olympiques de l'an 2000 ?

Édition : Martine Ollivier

Couverture : Michèle Rougé
Illustration de couverture : Jeux olympiques de Barcelone 199
Photo : Vandystadt/Richard Martin.

Illustrations de l'intérieur :
P. 9 : Archives Nathan
P. 10-11 : Archives Nathan
P. 13 : Jean Loup Charmet
P. 16 : Jean Loup Charmet
P. 19 : Archives Nathan. L'Illustration/Sygma
P. 21 : Presse-Sports
P. 23 : Magnum Photos. Photo Raymond Depardon
P. 26 : Popperfoto/Tempsport
P. 28 : AFP Photo
P. 30 : Magnum Photos. Photo Raymond Depardon
P. 32 : Magnum Photos. Photo Raymond Depardon
P. 33 : Agence Vandystadt/Allsport.
P. 35 : Popperfoto/Tempsport
P. 36-37 : AFP
P. 41 : Agence Vandystadt/Allsport. Photo : Simon Bruty
P. 42-43 : Agence Vandystadt/Allsport.
P. 47 : Agence Vandystadt/Allsport. Photo : Mike Powell
P. 50-51 : Gamma/ Liaison
P. 54-55 : Tempsport. Photo: Marc Francotte
P. 56 : Tempsport. Photo : Dimitri Tundt

Recherche iconographique : Gaëlle Mary
Coordination artistique : Catherine Tasseau

N° d'éditeur : 10036136-(2)-20-(OSB-80)
SNEL S.A. — Rue Saint-Vincent, 12 - 4020 Liège — tél. 32(0)4 343 76 9
imprimé en Belgique : août 1996